# LES CRITIQUES

PAR

## CHARLES DESROCHES

# LES CRITIQUES

COMÉDIE EN UN ACTE

PAR

## CHARLES DESROCHES

# LES CRITIQUES

COMÉDIE EN UN ACTE, EN PROSE, MÊLÉE DE VERS.

---

PERSONNAGES :

POIVROCHE, homme de lettres : habit étriqué, l'air gauche.

LE CRITIQUE DE LA MAISON ARISTIDE LEMAIGRE : gros et court.

LE CRITIQUE DE LA MAISON BARBENBIAIS : complètement rasé.

LE CRITIQUE DE LA MAISON VENTRU : long, efflanqué.

LE CRITIQUE DE LA MAISON CLINQUAN ET FILS : des lunettes, l'air d'un homme d'affaires.

UNE FILLE DE SERVICE : coiffure et mise coquettes.

UN COMMISSIONNAIRE.

La scène est à Paris, dans le jardin d'un Café-Brasserie : des tables, des chaises et des tabourets en bois ouvragé ; quelques arbustes en caisse sur les côtés.

# LES CRITIQUES

COMÉDIE EN UN ACTE

## SCÈNE I.

POIVROCHE (seul d'abord), UNE FILLE DE SERVICE.

### POIVROCHE.

(Il est assis devant une petite table ; un verre à pied presque vide est placé devant lui. Il boit et se lève par moments.)

Le triste métier que celui d'homme de lettres ! et pourquoi le sort ne m'a-t-il pas fait de la même étoffe dont il fit feu mes ancêtres ? Comment un homme comme moi a-t-il pu naître d'un père comme le mien ? Mon père est épicier à Pantin ; épiciers furent mon aïeul et mon bisaïeul ; moi, pour mon malheur, je suis poète, tout ce qu'il y a de plus poète ; j'ai déjà fait je ne sais pas combien de vers. Mais que de déboires ne m'a pas valu cette douloureuse vocation, et qu'il en coûte pour arriver à la célébrité ! Que de stations dans les antichambres ! que de rebuffades ! que de portes fermées au nez ! que de mois passés dans d'inutiles attentes !

(Il boit.)

Un auteur a-t-il réussi, il ne peut plus rien produire qui, d'avance, ne soit assuré du succès ; quoi qu'il fasse, on crie au chef-d'œuvre, au seul titre du livre, à l'inspection de la couverture ; le difficile, c'est d'enlever le premier succès, de faire admettre la première œuvre. Un auteur a-t-il réussi, les éditeurs se le disputent, se l'arrachent; trouver un premier éditeur, voilà le difficile, voilà l'impossible. On ne saurait s'imaginer, à moins de l'avoir éprouvé par soi-même, combien cette espèce d'hommes est d'un accès compliqué quand on ne se présente pas avec un nom déjà célèbre; mais le moyen d'être célèbre avant d'être connu! Quel cercle vicieux! quel dédale! quel labyrinthe! quelle énigme sans solution!

(Il boit et se lève.)

Ah! que n'ai-je tout simplement suivi la modeste carrière de mes pères! Mais quoi! il y a des gens qui sont nés pour faire des bâtons de réglisse et de sucre d'orge, pour confectionner des ballons de caoutchouc, pour fabriquer du noir animal, de la colle-forte, de l'engrais; moi je suis né pour faire des vers; est-ce ma faute? On ne se refait pas.

> Que ma jeunesse eût été belle,
> Si j'eusse embrassé la cannelle !

Embrasser la cannelle, c'est une manière poétique de dire embrasser la carrière de l'épicerie; cela tient de l'ellipse et de la métaphore; nous autres poètes, nous ne savons rien dire comme tout le monde, et ces délicatesses de langage nous sont familières. Et puis, avez-vous remarqué?

> Que ma jeunesse eût été belle,
> Si j'eusse embrassé la cannelle !

cela fait justement deux vers; je les ai lâchés sans m'en apercevoir; ils se sont faits tout seuls sur le bout de ma langue. C'est comme cela que je suis; je fais des vers sans le vouloir; je suis un dictionnaire de rimes ambulant; je sais, à une près, le nombre de chaque espèce de rimes masculines et féminines de la langue française ; la rime est, chez moi, à l'état d'idée fixe, d'obsession. C'est même ce qui fait que j'ai donné à mon premier ouvrage ce titre original : *Rimes et Obsessions*. Je ne sais pas au juste à quel genre il se rattache ; il tient un peu de tout, de l'Ode et de l'Élégie, du Poème et de la Satire, du genre sérieux et du genre plaisant ; mais, tel qu'il est, vous pouvez m'en croire, foi d'auteur, c'est un chef-d'œuvre.

(Il se rasseoit et boit.)

Eh bien, ce chef-d'œuvre, croiriez-vous que je l'ai promené inutilement chez huit éditeurs ? On n'en veut pas ; on ne le lit même pas ; on le met dans un coin ; on me fait revenir vingt fois, et puis, quand je crois toucher à la solution désirée, on me prie très poliment..... d'aller le porter ailleurs ; trois mois perdus à chaque nouvelle tentative ! Ah ! si j'avais des protections, cela ne se passerait pas ainsi ! Si je connaissais Monsieur Coppée, Monsieur Bourget ! Mais je ne connais personne, excepté à Pantin.

(Il frappe sur la table.)

Mademoiselle ?

LA FILLE DE SERVICE.

Monsieur ?

POIVROCHE.

Un verre de bière, s'il vous plaît ?

LA FILLE DE SERVICE (à part).

Un verre de bière ! Voilà sa façon de parler : il n'a jamais mis les pieds que dans des gargotes de banlieue, ce monsieur-là.

(Elle sert et se retire. Poivroche boit à petits coups.)

**POIVROCHE.**

A la fin, pour gagner du temps, j'ai imaginé un expédient des plus ingénieux : j'ai recopié cinq fois mon ouvrage, cinq fois trois mille vers, oui, et je n'en suis pas devenu fou : la preuve : jugez de la puissance de mon cerveau !

(Il boit.)

Et puis, j'ai porté ces quatre exemplaires chez quatre éditeurs différents ; je me suis fait mettre en rapport avec les critiques de ces quatre maisons ; je les attends ici tout à l'heure, l'un après l'autre, bien entendu ; le premier, de trois heures à trois heures et quart ; le second, de trois heures et quart à trois heures et demie ; le troisième, de trois heures et demie à trois heures trois quarts ; le quatrième, de trois heures trois quarts à quatre heures. Voilà, je pense, ce qui peut s'appeler une situation toute nouvelle, une chose qui ne s'est jamais vue, des éditeurs qui se dérangent pour venir trouver un auteur inconnu !

(Il boit.)

Quelle comédie ! me direz-vous. — Une comédie? pas le moins du monde : c'est tout ce qu'il y a de plus réel ; vous allez les voir dans un instant.

(Il boit et se lève.)

Mais, direz-vous peut-être, comment cela peut-il se faire? Quel aimant celui-là s'est-il procuré pour les attirer à sa volonté? — Rien de plus simple : j'ai un de mes amis qui est interne à la Salpêtrière. Vous ne comprenez pas? C'est un élève du docteur Charcot ; mes quatre critiques, il m'a rendu le service de les magnétiser..... à distance. Actuellement, ils sont tous les quatre sous le coup d'une suggestion ; mon ami leur

a d'abord suggéré l'idée de me lire, ce qu'ils n'auraient
sans doute jamais fait sans cela ; puis, il leur a suggéré, pour ma commodité, l'idée de venir ici aux
heures que je vous ai dites. La belle invention que le
magnétisme, que la suggestion ! Voyez un peu ce que
c'est que le progrès. Ce sont les éditeurs qui ne vont
pas être contents de cette découverte : les voilà désor-
mais à la discrétion des auteurs !

(Il se rasseoit et boit.)

Eh bien, quoi ? qu'est-ce que vous avez à me regarder
comme cela ? Qu'est-ce que c'est que tous ces yeux
interrogateurs ? Hein ?.....

(Il se frappe le front.)

Ah ! j'y suis ; je vous entends : vous voulez savoir
ce que j'ai fait de mon cinquième manuscrit. Oh ! pour
celui-là, il est entre bonnes mains, je vous assure : je
viens de le faire porter, il n'y a qu'un moment, par un
commissionnaire, à Monsieur Farcy : vous savez, Monsieur François Farcy, un fameux critique, celui-là :
c'est un dénicheur de talents, ce Monsieur Farcy-là ;
je ne peux pas manquer de lui plaire.

(Il boit et se lève.)

Par politesse, j'ai joint un petit bout de lettre à mon
envoi. Il faut savoir mettre les procédés de son côté.
Voici ce que j'écris à Monsieur Farcy.

(Il tire un papier de sa poche.)

C'est le brouillon :

(Il lit.)

« Monsieur,

« J'ai l'honneur de vous faire remettre par le porteur
« de la présente le manuscrit d'une œuvre remarqua-
« ble, sur laquelle je désirerais avoir votre sentiment.
« Soyez assez bon, je vous prie, pour excuser la liberté

« que je prends. Il y a des audaces que le talent peut
« se permettre.

« Veuillez, etc.

« Signé : POIVROCHE,

« Homme de lettres.

« P.-S. — Oserais-je vous prier de ne pas me faire
« attendre trop longtemps votre opinion ? »

(Il boit.)

Voilà qui est à la fois poli et digne. Monsieur
Farcy ne pourra moins faire que de se dire en lisant
ma lettre : « Il n'y a qu'un homme supérieur ou un
imbécile qui ait pu m'écrire cela. »

(Il se rasseoit et frappe sur la table.)

Mademoiselle ?

LA FILLE DE SERVICE.

Monsieur ?

POIVROCHE.

Un verre de bière, s'il vous plaît ?

LA FILLE DE SERVICE (à part, après avoir servi).

Il ne dirait pas seulement merci ! Quel épicier !

(Elle se retire. Poivroche boit à petits coups ; il consulte sa montre.)

Trois heures vont sonner ; mon premier critique ne
saurait tarder d'arriver. Je voudrais bien voir, par
exemple, qu'il se permît de se soustraire à la magnéti-
sation, à la suggestionisation ! Ce serait à douter du
devoir et de la morale.

(Apercevant le premier Critique.)

Tenez, qu'est-ce que je vous disais ? Le voilà qui
arrive. C'est le critique de la maison Aristide Lemaigre.

# SCÈNE II.

## POIVROCHE, LE CRITIQUE DE LA MAISON ARISTIDE LEMAIGRE.

(Le Critique entre en scène, ayant un manuscrit grand format roulé sous son bras; la couverture est blanche.)

LE CRITIQUE (apercevant Poivroche).

Comment, Monsieur Poivroche, c'est vous ?

POIVROCHE.

C'est moi-même, Monsieur le Critique, pour vous servir.

LE CRITIQUE.

Quelle curieuse coïncidence ! Figurez-vous, Monsieur Poivroche, que je pensais à vous à l'instant même.

POIVROCHE.

C'est trop d'honneur que vous me faisiez, Monsieur le Critique. (A part.) C'est la suggestion qui opérait. (Haut.) Donnez-vous donc la peine de vous asseoir, Monsieur le Critique.

(Le Critique s'asscoit en face de Poivroche.)

POIVROCHE (frappant sur la table).

Mademoiselle ?

LA FILLE DE SERVICE

Monsieur?

POIVROCHE.

Un verre de bière, s'il vous plaît, pour Monsieur le Critique?

(Elle sert et se retire. — A partir de cette scène, Poivroche ne boit plus ; le Critique boit de temps à autre, à sa volonté ; il en est de même dans les scènes suivantes.)

POIVROCHE.

Eh bien, Monsieur le Critique, m'avez-vous fait l'honneur de prendre connaissance de mon manuscrit?

LE CRITIQUE.

Parfaitement, Monsieur Poivroche.

POIVROCHE (à part).

Ce que c'est que la suggestion ! (Haut.) Oserais-je vous demander ce que vous en pensez ?

LE CRITIQUE.

Euh ! euh ! cela n'est pas mal. Vous avez du talent, une certaine recherche de l'expression.

POIVROCHE.

Vous êtes bien bon, Monsieur le Critique.

LE CRITIQUE.

Non, je parle suivant ma conscience. Mais, dites-moi, quel singulier genre avez-vous adopté là ?

POIVROCHE.

Ma foi, chacun adopte le genre qu'il peut.

**LE CRITIQUE.**

Vos interminables kyrielles de vers tout du long sur les mêmes rimes, permettez-moi de vous dire que cela m'a paru d'un étrange, d'une bizarrerie..... Tenez, ainsi, par exemple, votre poème du *Renouveau*.....

(Le Critique ouvre le manuscrit et lit :)

### *Le Renouveau.*

Allons, l'Hiver, plions bagage !
De ton linceul, cher au corbeau,
Au flanc du mont, qui s'en dégage,
    Plus qu'un lambeau.

Rien qui n'offre un riant visage :
L'eau redescend à son niveau :
Comme il vous peint un paysage,
    Le Renouveau !

Le pont passé, plus de péage.
Printemps, dans l'air luit ton flambeau :
Le ciel du dernier froid nuage
    Sort jeune et beau.

La gaîté naît et se propage :
Le rustre rit sous son sarrau,
Et pousse, en rêvant équipage,
    Son tombereau.

Tout fleuve devient Tibre ou Tage :
Le chalet sourit au château :
Pré, vigne ou champ gaîment s'étage
    Sur le coteau.

L'arbre est tout chant et babillage :
Un couple y loge par rameau ;
La branche n'est plus un feuillage,
    C'est un hameau.

Citadins rêvent jardinage,
Et paysans, fourche et fléau.....

(Il referme le manuscrit.)

Je ne continue pas : age, eau ; age, eau ; age, eau : il y en a comme cela deux cents vers de suite.

POIVROCHE.

Que voulez-vous? Est-ce ma faute, à moi, si je suis un dictionnaire de rimes ambulant?

LE CRITIQUE.

Ce n'est pas la mienne non plus; mais, là, de bonne foi, est-ce qu'on a jamais fait des vers comme cela?

POIVROCHE.

Permettez, Monsieur le Critique; c'est comme cela qu'en faisaient nos ancêtres, les trouvères et les troubadours, qui ne s'y connaissaient pas mal, je crois, en poésie.

LE CRITIQUE.

Je ne dis pas le contraire : mais tout cela était bon de leur temps, au moyen âge; le monde a progressé depuis, et nous appartenons aujourd'hui à une époque civilisée, Monsieur Poivroche, à une époque très civilisée.

POIVROCHE.

Pour être né à Pantin, je ne suis cependant pas un barbare.

LE CRITIQUE.

Ce n'est pas ce que j'ai voulu dire.

POIVROCHE.

Et puis, à dire vrai, cette répétition des mêmes rimes se rattache chez moi à un principe de poésie. Je considère la poésie comme une sorte de musique, qui peut avoir recours aux procédés en usage chez les musiciens. Or, que font-ils? Sous le coup d'une impression vive, d'un sentiment profond, ils les traduisent par un thème, par un motif, qui d'ordinaire est simple, et qu'ils ramènent ensuite pendant toute la durée de leur morceau sous forme de modulations, de variations à n'en plus finir. Voyez, par exemple, ce que Paganini a fait du *Clair de la Lune.* De même, en poésie, c'est le mot même qui représente l'idée, comme le mot *Renouveau,* par exemple, qui, indéfiniment rappelé par des rimes en *eau,* servira de thème à tout le morceau. Tenez, avez-vous remarqué? suffit que j'en parle, voilà que je viens de faire deux vers sur le sujet :

par des rimes en eau,<br>
Servira de thème à tout le morceau.

C'est comme cela que je suis : je fais des vers sans le vouloir : un dictionnaire de rimes ambulant, comme j'ai eu l'honneur de vous le dire.

LE CRITIQUE.

Fort bien; voilà qui justifie jusqu'à un certain point la répétition d'une des deux rimes, la masculine ou la féminine; mais l'autre, la rime concomitante?

POIVROCHE.

La rime concomitante? Ah! oui, la rime concomitante. Trouver la rime concomitante, voilà le dur, voilà le délicat! Pour celle-là, c'est une affaire d'inspiration : vous savez, nous autres poètes..... Et puis, si l'inspiration ne vient pas, on a toujours la ressource de s'adresser à un ami; moi, j'ai mon voisin le pharmacien, qui a pratiqué les auteurs. D'ailleurs, c'est là encore comme en musique.

LE CRITIQUE.

Comment cela?

POIVROCHE.

La rime concomitante fait l'office de basse dans le morceau. L'une des deux rimes, c'est le violon et le piston, l'autre, c'est le violoncelle et le trombone; l'une des deux rimes, c'est la main droite du pianiste, l'autre, c'est sa main gauche. La nature a tout fait deux par deux : c'est là le principe de toutes les harmonies.

LE CRITIQUE.

Très joli, Monsieur Poivroche, très joli; mais ce qui est bon en musique n'a que faire en poésie : comparaison n'est pas raison : vous partez d'un principe qui n'a pas le sens commun; le principe est mauvais.

POIVROCHE.

Le principe est mauvais! Cela dépend de ce que l'on en fait : il n'y a de mauvais principes que ceux dont on ne sait pas se servir.

LE CRITIQUE (se levant).

Non, non, du moment que le principe est mauvais...

POIVROCHE.

Ainsi, moi, par exemple, comme vous avez pu voir.....

LE CRITIQUE.

Mais non, vous dis-je, puisque le principe est mauvais.....

**POIVROCHE.**

Mais cependant.....

**LE CRITIQUE.**

Croyez-moi, Monsieur Poivroche, changez de principe.

**POIVROCHE.**

Pourquoi ne pas me conseiller de changer de peau ?

**LE CRITIQUE.**

Cela ne vous empêche pas d'avoir du talent, Monsieur Poivroche.

**POIVROCHE.**

Vous êtes trop bon pour moi, Monsieur le Critique.

**LE CRITIQUE.**

Un talent très réel, Monsieur Poivroche.

**POIVROCHE.**

Je vous suis obligé, Monsieur le Critique.

**LE CRITIQUE.**

Un talent fort remarquable, Monsieur Poivroche.

**POIVROCHE.**

Vous me comblez, Monsieur le Critique.

**LE CRITIQUE** (lui rendant son manuscrit).

Tenez, voilà votre manuscrit.

POIVROCHE (prenant le manuscrit).

Je vous remercie beaucoup.

LE CRITIQUE.

Il n'y a pas de quoi. A une autre fois, Monsieur Poivroche; nous comptons sur vous.

(Le Critique sort.)

## SCÈNE III.

### POIVROCHE (seul).

Qu'il aille se promener avec ses compliments ! J'aimerais mieux qu'il m'eût dit des sottises, pourvu qu'il eût accepté mon manuscrit. Le principe est mauvais ! le principe est mauvais !

(Il met le manuscrit dans la poche extérieure de droite de son habit.)

Ah ! j'aperçois le critique de la maison Barbenbiais. Voyons si je serai plus heureux avec celui-là.

## SCÈNE IV.

### POIVROCHE, LE CRITIQUE DE LA MAISON BARBENBIAIS.

(Le Critique entre en scène, ayant un manuscrit grand format roulé sous son bras ; la couverture est bleue.)

LE CRITIQUE (apercevant Poivroche).

Comment, Monsieur Poivroche, est-ce vous ?

POIVROCHE.

Moi-même, pour vous servir, Monsieur le Critique.

LE CRITIQUE.

Quelle singulière coïncidence! Imaginez vous, Monsieur Poivroche, que je pensais à vous à l'instant même.

POIVROCHE (à part).

Je m'en doutais. (Haut.) Vous me faisiez beaucoup d'honneur, Monsieur le Critique. (A part.) C'est la suggestion qui le travaillait. (Haut.) Prenez donc la peine de vous asseoir, Monsieur le Critique.

(Le Critique s'asseoit en face de Poivroche, à la même place que le premier.)

POIVROCHE (frappant sur la table).

Mademoiselle?

LA FILLE DE SERVICE.

Monsieur?

POIVROCHE.

Un verre de bière, s'il vous plaît, pour Monsieur le Critique?

LA FILLE DE SERVICE (à part).

Encore un critique!

(Elle sert et se retire.)

POIVROCHE.

Eh bien, Monsieur le Critique, m'avez-vous fait l'honneur de prendre connaissance de mon manuscrit? (A part.) Je sais sa réponse.

**LE CRITIQUE.**

Parfaitement, Monsieur Poivroche, parfaitement.

**POIVROCHE.**

Oserais-je vous demander ce que vous en pensez?

**LE CRITIQUE.**

Mes compliments, Monsieur Poivroche : vous avez un talent fort remarquable.

**POIVROCHE** (à part).

Voilà qui ne commence pas mal, et celui-ci m'a l'air assez bien disposé.

**LE CRITIQUE.**

Mais, dites-moi, où avez-vous été chercher ce style-là? Vous n'êtes pas de votre temps.

**POIVROCHE.**

Comment cela? Est-ce que vous croyez que je suis né avant la Révolution?

**LE CRITIQUE.**

Ce n'est pas ce que j'ai voulu dire. Tenez, par exemple, votre morceau sur *la Gaule*.....

(Le Critique ouvre le manuscrit et lit :)

### *La Gaule.*

Gaulois, soyez unis : l'union, c'est la force.
Quand des chênes sacrés le gui couvrait l'écorce,
Les druides, armés de la faucille d'or,
Sur les troncs vénérés moissonnaient ce trésor.

Forêts, la Gaule alors, paisible sous vos ombres,
Ignorait l'étranger et ses menaces sombres :
Chacun, dans sa peuplade et ses dieux renfermé,
Voyait croître pour lui le champ par lui semé.
Liberté, tu régnais sur les bourgs et les villes ;
Point de droits imposés, de croyances serviles ;
L'indépendance sainte, à l'abri de tout viol,
Gaule, ne tremblait pas de déserter ton sol.
Les jeunes gens, entre eux, par d'âpres exercices,
Se formaient aux labeurs des futures milices,
Et, courant quelquefois à de lointains exploits,
Instruisaient au respect les voisins des Gaulois.
Les peuples se disaient, dans leur terreur profonde :
« Quand la Gaule tressaille, on sent trembler le monde. »
Qui donc au fier coursier eût osé mettre un frein ?
Il buvait, indompté, l'Océan et le Rhin.

Je n'achève pas. Qu'est-ce que c'est, je vous prie,
que ces expressions-là, que *moissonnaient ce trésor,
ignorait l'étranger, renfermé dans ses dieux, instruisaient au respect, buvait l'Océan ?*

(Il referme le manuscrit.)

C'est du style qui sent terriblement le moisi ; tout
cela a horriblement vieilli ; c'était bon au dix-septième
siècle ; cela ne se dit plus aujourd'hui.

POIVROCHE.

Si tout cela était bon au dix-septième siècle, je ne
vois pas pourquoi tout cela ne serait pas bon encore
aujourd'hui. Après tout, la langue du dix-septième
siècle avait bien ses qualités.

LE CRITIQUE.

Je ne dis pas le contraire ; mais il faut être de son
temps, Monsieur Poivroche. Après Monsieur Zola et
Monsieur Richepin, il n'est plus permis d'écrire ainsi.

**POIVROCHE.**

Que voulez-vous? Tout le monde n'a pas le talent, l'originalité de ces Messieurs, et, crainte de m'égarer, j'ai cru bien faire de me régler sur nos vieux modèles.

**LE CRITIQUE.**

Les anciens sont les anciens : faites du nouveau, Monsieur Poivroche, faites du nouveau.

**POIVROCHE.**

Parbleu ! à moins de copier, il me semble que tout ce qu'on fait est bien du nouveau.

**LE CRITIQUE.**

Il y a nouveau et nouveau : il y a du nouveau qui est ancien, comme il y a de l'ancien qui est nouveau.

**POIVROCHE.**

Voilà qui dépasse les bornes de ma compréhension.

**LE CRITIQUE.**

Et puis, dites-moi, qu'est-ce que c'est que vos *Obses sions ?* Ce n'est pas là de la poésie d'homme bien portant.

**POIVROCHE** (à part).

Bon ! est-ce qu'il va me donner une consultation, maintenant ?

**LE CRITIQUE.**

Tenez, par exemple, votre pièce de l'*Orgue de Barbarie*.....

(Le Critique rouvre le manuscrit.)

**POIVROCHE** (l'interrompant).

Oh! pour celle-là, n'en dites pas de mal; j'ai un faible pour cette pièce-là ; laissez-moi vous la dire :

(Poivroche se lève et vient sur le devant de la scène :)

## *L'Orgue de Barbarie.*

J'aime l'orgue de Barbarie ;
Il donne aux airs un ton plaintif ;
De mon aveu que nul ne rie ;
S'il est faux, moi, je suis naïf.
L'un d'eux, tantôt, sous ma fenêtre,
Vint à passer ; l'air, qu'à regret
Il jouait, de toi semblait être,
      Bizet.

Oui, c'était cet air que l'on aime,
Étrange et charmant à la fois :
« L'amour est enfant de Bohême. »
La plume tomba de mes doigts ;
Car l'orgue, il me semble l'entendre,
En assombrissait tant l'effet,
Que je sentis mon cœur se fendre,
      Bizet.
           (Il fait le geste de jouer.)

Juste, aux premiers tours de la phrase,
L'orgue, ensuite, oubliant son air,
Jetait, m'arrachant à l'extase,
Un cri faux, cri lugubre et clair ;
Et j'en frémis comme en démence,
Je blêmis, croyant qu'il disait
(Délire de fièvre, je pense) :
      Bizet !
           (Il s'asseoit.)

Ma plume, allons, vite à l'ouvrage !
N'y pensons plus, j'étais distrait.
La nuit tombe. — Entrez. — C'est l'orage ;
J'ai cru que ma porte s'ouvrait.
Et tout en bas l'orgue sanglote,
Et dans l'air, d'un ton de fausset,
Jette encor sa lugubre note :
      Bizet !
           (Il se lève.)

Ah ! te tairas-tu, maudit orgue ?
Pourquoi noircir l'air où je vis ?
Va dire ailleurs ton chant de Morgue :
Quels doux moments tu me ravis !
Mais déjà l'instrument barbare,
Sans pitié brisant le couplet,
Me redit, ma tête s'égare :
      Bizet !

Il s'éloigne ; enfin, je respire ;
Sa voix se meurt dans le lointain ;
Il ne parle plus, il soupire ;
L'air n'est plus qu'un bruit incertain ;
Mais jusqu'à moi, par intervalle,
Strident, perçant comme un sifflet,
Vient le cri faux qui me rend pâle :
      Bizet !

(Il fait une pause, puis se rasseoit.)

Et ce soir-là, ma plume, oisive,
Dormit sèche sur mon bureau.
Ma pensée, es-tu morte ou vive ?
Le vent fait rage à mon carreau :
J'entends sa plainte qui me navre,
Et, répercutant l'air muet,
Redit de sa voix de cadavre :
      Bizet !

Et l'œil fixe, assis vers la cendre,
Reste d'un feu mort d'un oubli,
Je songeais combien, à t'attendre,
Gloire, d'artistes ont pâli.
Et sur mon toit, dans la nuit sombre,
Il me sembla qu'il se posait
Un hibou, qui disait à l'ombre :
      Bizet !

(Il baisse la voix.)

Je songeais à vous, chers artistes :
Parmi nous qu'il en a passé,
Pleurant leurs sorts, et mourant tristes
Sur leur sillon demi tracé !
Et j'entendais, fou de tristesse,
Dans ma tête qui se brisait,
Un écho répéter sans cesse :
      Bizet !

(Sa voix s'éteint de plus en plus.)

Et, sans sommeil jusqu'à l'aurore,
En vain j'attendis le repos,
De mon cœur, que tout deuil éplore,
Dans l'ombre écoutant les sanglots ;
Et, battant ma tempe plus lourde,
Martyr humble, il agonisait,
Me répétant de sa voix sourde :
Bizet !

LE CRITIQUE.

Cela n'est pas mal, assurément; mais, comme je vous le disais tout à l'heure, ce n'est pas là de la poésie qui se porte bien.

POIVROCHE.

Le fait est que je n'ai guère bien dormi cette nuit-là.

LE CRITIQUE.

C'est l'œuvre d'un cerveau malade.

POIVROCHE.

C'est que la pensée arrivée à un certain degré d'acuité est un état morbide. Est-ce ma faute, à moi, si j'avais la fièvre ce soir-là ?

LE CRITIQUE.

Ce n'est pas la mienne non plus. (Se levant.) Et puis, croyez-moi, faites du nouveau, Monsieur Poivroche. Bizet est mort depuis trop longtemps.

POIVROCHE.

Ah ! vous êtes cruel, Monsieur le Critique. Il y a des pertes qui sont toujours nouvelles, ce sont celles qui sont irréparables. D'ailleurs, les Bizet, c'est comme les

Gilbert, comme les Malfilâtre, comme les Hégésippe Moreau, il y en a toujours.

LE CRITIQUE.

Je ne dis pas le contraire; mais cela ne change rien à mon principe : Faites du nouveau. Ce que je vous ai dit n'empêche pas que vous n'ayez du talent, Monsieur Poivroche.

POIVROCHE (d'une voix encore triste).

Vous êtes trop bon pour moi, Monsieur le Critique.

LE CRITIQUE.

Un talent très réel, Monsieur Poivroche.

POIVROCHE (de même).

Je vous suis obligé, Monsieur le Critique.

LE CRITIQUE.

Un talent très remarquable, Monsieur Poivroche.

POIVROCHE (de même).

Vous me comblez, Monsieur le Critique.

LE CRITIQUE (lui rendant son manuscrit).

Tenez, voilà votre manuscrit.

POIVROCHE (prenant le manuscrit).

Je vous remercie beaucoup.

LE CRITIQUE.

Il n'y a pas de quoi. A une autre fois, Monsieur Poivroche; nous comptons sur vous.

(Le Critique sort.)

## SCÈNE V.

### POIVROCHE (seul).

Se moque-t-il du monde avec ses compliments? Il aurait bien mieux fait de m'imprimer. Faites du nouveau ! faites du nouveau !

(Il veut mettre le manuscrit dans la poche extérieure de droite, mais la trouvant déjà occupée, il le met dans la poche extérieure de gauche.)

Ah ! j'aperçois mon troisième critique, le critique de la maison Ventru. Voyons un peu ce que celui-là va me dire.

## SCÈNE VI.

### POIVROCHE, LE CRITIQUE DE LA MAISON VENTRU.

(Le Critique entre en scène, ayant un manuscrit grand format roulé sous son bras ; la couverture est jaune.)

LE CRITIQUE (apercevant Poivroche).

Comment, Monsieur Poivroche, est-ce bien vous que je vois ?

POIVROCHE.

Tout ce qu'il y a de plus moi, Monsieur le Critique.

LE CRITIQUE.

Quelle étrange coïncidence ! Croiriez-vous, Monsieur Poivroche, que je pensais à vous à l'instant même?

POIVROCHE.

Cela ne m'étonne pas. (Mouvement de surprise du Critique.) C'est-à-dire, pardon, c'était beaucoup d'honneur pour moi, Monsieur le Critique. (A part.) Toujours la suggestion! (Haut.) Veuillez donc vous asseoir, Monsieur le Critique.

(Le Critique s'asseoit en face de Poivroche, à la même place que les deux premiers.)

POIVROCHE (frappant sur la table).

Mademoiselle?

LA FILLE DE SERVICE.

Monsieur?

POIVROCHE.

Un verre de bière, s'il vous plaît, pour Monsieur le Critique?

LA FILLE DE SERVICE (à part).

Comment! encore un critique!

(Elle sert et se retire.)

POIVROCHE.

Eh bien, Monsieur le Critique, m'avez-vous fait l'honneur de prendre connaissance de mon manuscrit? (A part.) Et de trois.

LE CRITIQUE.

Assurément, Monsieur Poivroche, assurément.

POIVROCHE (à part).

Parbleu! (Haut.) Oserais-je vous demander ce que vous en pensez?

LE CRITIQUE.

Vous êtes un homme de talent, M. Poivroche.

POIVROCHE.

On m'a déjà dit cela.

(Mouvement de surprise du Critique.)

POIVROCHE (se reprenant).

Oh! pas ici; à Pantin; je suis de Pantin.

LE CRITIQUE (regardant Poivroche d'un air surpris).

Ah! (Après une pause.) Oui, vous êtes un homme de talent; mais il nous est impossible d'accepter votre ouvrage.

POIVROCHE.

Pourquoi cela, si j'ai du talent?

LE CRITIQUE.

Ce n'est pas le genre de la maison.

POIVROCHE.

Comment! ce n'est pas le genre de la maison d'accepter les œuvres de talent?

LE CRITIQUE.

Ce n'est pas ce que j'ai voulu dire : elle n'accepte que les œuvres d'un certain talent.

POIVROCHE.

Voilà qui est bien subtil!

LE CRITIQUE.

Il y a de fort jolies choses dans votre ouvrage.

POIVROCHE.

Vous êtes bien aimable.

**LE CRITIQUE.**

De la sensibilité, comme, par exemple, dans ces vers, adressés à une jeune fille, après une soirée :

(Il ouvre le manuscrit et lit :)

> Je la vis, c'était un soir ;
> Un rêve eût passé moins vite.
> Combien de nos « Au revoir ! »
> Sont des adieux, Marguerite !

et de la délicatesse dans l'expression, comme, par exemple, dans ces vers de votre *Echo* :

> Point n'étais dû qu'à la souffrance :
> Résignons-nous : c'était mon sort :
> Onc espoir n'eus qu'à mon grand tort ;
> Adieu dis même à l'espérance.

(Il referme le manuscrit.)

**POIVROCHE.**

Eh bien, si j'ai de la sensibilité, de la délicatesse dans l'expression, pourquoi ne pas accepter mes vers ?

**LE CRITIQUE** (se levant).

Nous en sommes absolument désolés, Monsieur Poivroche ; mais comme je vous l'ai dit, ce n'est pas le genre de la maison.

**POIVROCHE.**

Comment ! Ce n'est pas le genre de la maison d'avoir de la délicatesse dans l'expression, de la sensibilité ?

**LE CRITIQUE.**

Pardonnez-moi : une certaine sensibilité, une certaine délicatesse.

**POIVROCHE.**

Voilà qui est bien subtil !

**LE CRITIQUE.**

Cela ne vous empêche pas d'avoir du talent, Monsieur Poivroche.

POIVROCHE (d'un ton bourru).

Vous êtes trop bon pour moi, Monsieur le Critique.

LE CRITIQUE.

Un talent très réel, Monsieur Poivroche.

POIVROCHE (de même).

Je vous suis obligé, Monsieur le Critique.

LE CRITIQUE.

Un talent tout à fait remarquable, Monsieur Poivroche.

POIVROCHE (de même, à part).

Pourquoi pas du génie !

LE CRITIQUE (lui rendant son manuscrit).

Tenez, voilà votre manuscrit.

POIVROCHE (prenant le manuscrit).

Je vous remercie beaucoup.

LE CRITIQUE.

Il n'y a pas de quoi. A une autre fois, Monsieur Poivroche ; nous comptons sur vous.

(Le Critique sort.)


# SCÈNE VII.

POIVROCHE (seul).

Encore un faiseur de compliments ! Ah ça, ils sont donc tous les mêmes, ces gens-là ? Que la peste les étouffe avec leurs compliments ! Je n'en trouverai pas un qui m'imprime sans compliment ? Ce n'est pas le genre de la maison ! ce n'est pas le genre de la maison !

(Il veut mettre le manuscrit dans la poche extérieure de droite, puis dans la poche extérieure de gauche, et les trouvant déjà occupées, il le met dans la poche intérieure de droite.)

Ah ! voici mon quatrième critique, le critique de la maison Clinquan et Fils : va-t-il aussi me chanter la même antienne ?

## SCÈNE VIII.

### POIVROCHE, LE CRITIQUE DE LA MAISON CLINQUAN ET FILS.

(Le Critique entre en scène, ayant un manuscrit grand format roulé sous son bras ; la couverture est verte.)

LE CRITIQUE (apercevant Poivroche).

Comment, Monsieur Poivroche, n'est-ce pas vous que je vois ?

POIVROCHE.

N'en doutez pas ; moi-même, Monsieur le Critique.

LE CRITIQUE.

Quelle bizarre coïncidence !

POIVROCHE (à part).

Oui, la suggestion ! (Haut.) Vous pensiez à moi, n'est-ce pas ?

LE CRITIQUE.

Comment ! vous l'avez deviné ?

POIVROCHE.

Cela se voit sur votre figure. Asseyez-vous donc, je vous prie, Monsieur le Critique.

(Le Critique s'asseoit en face de Poivroche, à la même place que les trois premiers.)

POIVROCHE (frappant sur la table).

Mademoiselle ?

LA FILLE DE SERVICE.

Monsieur ?

POIVROCHE.

Un verre de bière, s'il vous plaît, pour Monsieur le Critique ?

LA FILLE DE SERVICE (à part).

Encore un ! Qu'est-ce que c'est donc que ce monsieur, qui abreuve tous les critiques de la capitale ?

(Elle sert et se retire.)

POIVROCHE.

Eh bien, Monsieur le Critique, m'avez-vous fait l'honneur de prendre connaissance de mon manuscrit ? (A part.) Voilà une phrase que je saurai par cœur.

LE CRITIQUE.

Certainement, Monsieur Poivroche, certainement.

POIVROCHE.

Oserais-je vous demander ce que vous en pensez ? (A part.) Et celle-là aussi.

LE CRITIQUE.

Ma foi, je n'en pense pas grand chose.

POIVROCHE.

Mais encore, mon œuvre vous paraît-elle bonne ou mauvaise ?

LE CRITIQUE.

Je n'en sais rien.

POIVROCHE.

Cependant, puisque vous l'avez lue.....

LE CRITIQUE.

Cela ne prouve rien.

POIVROCHE.

Comment? vous n'avez pas remarqué, en la lisant, si mon œuvre était mauvaise ou bonne?

LE CRITIQUE.

Comment voulez-vous que nous le sachions, avant qu'elle ait été jugée par le public?

POIVROCHE.

Pardon ; je m'étais figuré qu'en votre qualité de critique.....

LE CRITIQUE.

Vous n'y êtes pas, Monsieur Poivroche ; nous ne jugeons pas les œuvres au point de vue littéraire et artistique.

POIVROCHE (à part).

Voilà bien une autre musique ! (Haut.) Et à quel point de vue, alors ?

LE CRITIQUE.

Au point de vue commercial.

POIVROCHE.

Au point de vue commercial !

LE CRITIQUE.

Oui.

POIVROCHE.

Quelle illusion ! moi qui m'imaginais.....

LE CRITIQUE.

Vous vous imaginiez ! Ah ça, d'où venez-vous donc ?
de Pontoise ?

POIVROCHE.

Non, de Pantin ; je suis de Pantin.

(Le Critique regarde Poivroche d'un air surpris.)

LE CRITIQUE.

Votre style est trop concis, trop imagé : vous obli-
gez le lecteur à réfléchir pour vous comprendre : le
public ne veut pas de ces choses-là ; nous ne vous trou-
verions pas d'acheteurs.

POIVROCHE.

Cependant, il y a bien encore en France quelques
lecteurs, qui.....

LE CRITIQUE (se levant).

Je ne dis pas le contraire ; mais ce n'est pas nous
qui pouvons nous charger de vous les trouver ; adres-
sez-vous ailleurs. Une autre fois, nous verrons. Faites-
nous quelque chose de commercial.

POIVROCHE.

Quelque chose de commercial ! Ah çà, est-ce que
vous me prenez pour un épicier ?

**LE CRITIQUE.**

Ce n'est pas ce que j'ai voulu dire; mais vous connaissez le principe : Hors du commerce, point de salut! Vous êtes dans une mauvaise voie, Monsieur Poivroche, sur le chemin de l'hôpital. Croyez-moi, faites quelque chose de commercial.

**POIVROCHE.**

Faites quelque chose de commercial! C'est bon pour mon père; c'était bon pour mes ancêtres; mais moi, l'honneur de la race!.....

**LE CRITIQUE** (lui rendant son manuscrit).

Tenez, voilà votre manuscrit.

**POIVROCHE.**

Je vous remercie.

**LE CRITIQUE.**

A une autre fois, Monsieur Poivroche; nous comptons sur vous. Ce que je vous ai dit n'empêche pas que.....

**POIVROCHE** (l'interrompant).

Je sais la suite. Vous allez me faire des compliments, n'est-ce pas?

**LE CRITIQUE.**

Naturellement.

**POIVROCHE.**

Je vous remercie; je ne les aime pas. Vous pouvez les garder pour vous.

**LE CRITIQUE** (à part).

Comme ces auteurs ont l'épiderme sensible!

(Le Critique sort.)

## SCÈNE IX.

### POIVROCHE (seul).

C'est à devenir fou ! Voilà où mène l'ambition ! Ah ! si j'avais suivi les conseils de mon père ! Heureux les épiciers, s'ils connaissaient leur bonheur ! Faites du commercial ! faites du commercial !

(Il veut mettre le manuscrit dans la poche extérieure de droite, puis dans la poche extérieure de gauche, puis dans la poche intérieure de droite, et, les trouvant déjà occupées, il le met dans la poche intérieure de gauche.)

Mais, suis-je sot? Et moi qui ne pensais plus à mon cinquième manuscrit, moi qui ne pensais plus que je l'ai envoyé à Monsieur François Farcy ! Tas de criticules, allez, je me moque bien de vous. Quand on a celui-là pour soi, on peut bien se passer des autres.

(Apercevant le Commissionnaire.)

Voilà précisément mon commissionnaire qui revient de chez lui.

## SCÈNE X.

### POIVROCHE, LE COMMISSIONNAIRE.

(Le Commissionnaire entre en scène, présentant une lettre de la main droite, et tenant de la main gauche, derrière son dos, un manuscrit grand format, dont la couverture est rouge.)

### LE COMMISSIONNAIRE.

Monsieur, voici la réponse de Monsieur Farcy.

POIVROCHE.

Donnez, l'ami.

(Il ouvre la lettre.)

Quelles pattes de mouches ! Il ne sait pas seulement écrire, celui-là.

(Il lit.)

« Monsieur,

« J'ai un œil borgne : (oh ! le pauvre Monsieur !) et « l'autre qui ne vaut guère mieux : (ah ! se peut-il ? c'est sans doute une ophthalmie ; pourvu qu'elle ne soit pas purulente ! et moi qui ignorais absolument.....) « la Faculté m'interdit rigoureusement de lire des « manuscrits. Quand votre ouvrage aura paru en vo- « lume, je me ferai un véritable plaisir d'en prendre « connaissance.

« Veuillez, etc.

« *Signé :* François FARCY. »

(Il déchire la lettre.)

Ah ça, est-ce qu'il se moque de moi ? Il n'y voit pas clair pour lire les manuscrits, et il y voit clair pour écrire, pour lire les imprimés ! Voilà une ophthalmie bien bizarre ! J'aimais encore mieux le commerçant avec ses lunettes ! Ce Monsieur Farcy m'a tout l'air d'un farceur. Oh ! ces critiques, ces critiques !

LE COMMISSIONNAIRE (lui tendant le manuscrit).

Je suis chargé de vous rapporter ceci ; il paraît qu'on n'en a pas besoin dans la maison.

POIVROCHE (prenant le manuscrit).

Merci bien.

LE COMMISSIONNAIRE.

Pardon, Monsieur, est-ce que vous n'offrez pas à boire pour la commission ?

POIVROCHE.

A boire, pour..... (A part.) Ah çà, est-ce que tout le monde se moque de moi aujourd'hui? (Se ravisant.) Au fait, pourquoi pas? ce garçon-là vaut bien un critique. (Haut.) Asseyez-vous, commissionnaire, asseyez-vous, mon ami.

(Poivroche s'asseoit; le Commissionnaire s'asseoit en face de lui, à la place précédemment occupée par les quatre Critiques.)

POIVROCHE (frappant sur la table).

Mademoiselle?

LA FILLE DE SERVICE.

Monsieur?

POIVROCHE.

Un verre de bière, s'il vous plaît, pour Monsieur.

LA FILLE DE SERVICE.

Monsieur est sans doute un critique?

POIVROCHE.

Un critique? allons donc! Monsieur est commission-naire (mouvement de surprise de la fille de service); c'est un brave garçon, qui sait son métier, celui-là!

(Elle sert et se retire.)

LE COMMISSIONNAIRE.

Monsieur est sans doute un voyageur pour la pape-terie?

POIVROCHE.

Un commerçant? allons donc! Je suis un homme de lettres, un auteur, un poète.

#### LE COMMISSIONNAIRE.

Faites excuse, Monsieur ; dans ce cas, permettez-moi de boire à vos succès.

#### POIVROCHE.

Merci bien.

(Le Commissionnaire tend son verre ; Poivroche tend le sien et le repose après avoir trinqué.)

#### LE COMMISSIONNAIRE.

Vous ne buvez pas, Monsieur ?

POIVROCHE (oubliant qu'il n'a pas bu depuis la première scène).

Non, je n'ai plus soif.

#### LE COMMISSIONNAIRE (à part).

Je crois bien, après avoir bu tout cela en moins d'une heure.

(Il boit et sort.)

## SCÈNE XI.

### POIVROCHE (seul).

Me voilà bien ! Ah çà, qu'est-ce que je vais faire de tout ce papier ?..... Une idée ? si je rentrais dans l'épicerie ? C'est une occasion : j'aurais là un débouché pour mes manuscrits ; la célébrité se fait petit à petit ; commençons par Pantin ; après tout, de Pantin à Paris il n'y a qu'une barrière d'intervalle.

Toulouse, imprimerie Douladoure-Privat, rue Saint-Rome, 39. — 4543